100 CITATIONS INCONTOURNABLES DE LA PENSÉE TAOÏSTE

LAO TSEU

100 CITATIONS INCONTOURNABLES DE LA PENSÉE TAOÏSTE

Petit guide de poche de sagesse spirituelle

Books On Demand

© 2019 Lao Tseu (Domaine Public)

Edition : Books on Demand, 12/14, Rond-Point de Champs-Elysées, 75008 Paris (France)

Impression : Books on Demand GmbH, Norderstedt (Allemagne).

ISBN : 978232213448

Dépôt légal : mars 2019

1. Celui qui est le maître de lui-
    même est plus grand que celui
    qui est le maître du monde.

2. Tout ce que nous sommes résulte
    de nos pensées. Avec nos pensées,
    nous bâtissons notre monde.

3. Si quelqu'un t'a offensé, ne
    cherche pas à te venger. Assieds-
    toi au bord de la rivière et bientôt
    tu verras passer son cadavre.

4. Ceux qui savent ne parlent pas,
    ceux qui parlent ne savent pas. Le
    sage enseigne par ses actes, non
    par ses paroles.

5.   Savoir se contenter de ce que l'on
      a : c'est être riche.

6.   Les mots de vérité manquent
      souvent d'élégance. Les paroles
      élégantes sont rarement vérités.

7.   C'est ce qui manque qui donne la
      raison d'être.

8.   La rigidité et la dureté sont les
      compagnons de la mort. La
      douceur et la délicatesse sont les
      compagnons de la vie.

9.   La bonté en parole amène la
      confiance.

10.   La vie est un départ et la mort un
      retour.

11.   Un mot prononcé avec
      bienveillance engendre la
      confiance. Une pensée exprimée
      avec bienveillance engendre la
      profondeur. Un bienfait accordé
      avec bienveillance engendre
      l'amour.

12.   L'échec est le fondement de la
      réussite.

13.   La plus grande révélation est le
      silence.

14.   La vie est une succession de
      changements naturels. Ne résistez
      pas car cela ne générera que des
      soucis. Laissez la réalité être la

réalité. Laissez faire naturellement les choses.

15.   Il n'y a point de chemin vers le bonheur. Le bonheur, c'est le chemin.

16.   Le bonheur naît du malheur, le malheur est caché au sein du bonheur.

17.   Etre humain c'est aimer les hommes. Etre sage c'est les connaître.

18.   Celui qui a inventé le bateau a aussi inventé le naufrage.

19.   Un vrai chef ne paraît pas martial. Qui sait se battre ne

s'emporte pas. Qui saura vaincre évitera d'affronter. Qui saura manier les hommes s'abaissera...

20. Il est plus intelligent d'allumer une toute petite lampe que de se plaindre de l'obscurité.

21. Les vraies paroles ne séduisent jamais. Les belles paroles ne sont pas vérité. Les bonnes paroles n'argumentent pas. Les arguments ne sont que discours. Celui qui sait n'a pas un grand savoir. Un grand savoir ne connaît rien.

22. Le sage ne rencontre pas de difficultés. Car il vit dans la conscience des difficultés. Et donc n'en souffre pas.

23. Prendre conscience, c'est transformer le voile qui recouvre la lumière en miroir.

24. La seule façon d'accomplir est d'être.

25. Sois avare de tes paroles, et les choses s'arrangeront d'elles-mêmes.

26. Quand le peuple ne craint plus le pouvoir, c'est qu'il espère déjà un autre pouvoir.

27. Ceux qui ne demandent rien ont tout.

28. Le but n'est pas le but, c'est la voie.

29.   Celui qui sait qu'assez c'est assez,
        en aura toujours suffisamment.

30.   Ne sois pas trop gourmand dans
        ta quête du bonheur et qu'il ne
        t'effraie pas.

31. Qui triomphe de lui-même
possède la force.

32. Un voyage de mille lieues
commence toujours par un
premier pas.

33. L'expérience n'est une lumière
qui n'éclaire que soi-même.

34. Celui qui connaît les autres est
savant. Celui qui se connaît lui-
même est sage. Celui qui vainc les
autres a de la force. Celui qui se
vainc lui-même est fort. Celui qui
s'impose a de la volonté. Celui qui
se suffit est riche. Celui qui ne
perd pas sa place a de la
constance. Celui qui ne disparaît

pas même à sa mort, celui-là est Immortel.

35.   L'homme qui ne tente rien ne se trompe qu'une fois.

36.   Un voyage de mille lieues commence par un pas.

37.   Celui qui dirige les autres est peut-être puissant, mais celui qui s'est maîtrisé lui-même a encore plus de pouvoir.

38.   Celui qui en sait beaucoup sur les autres est peut-être instruit, mais celui qui se comprend lui-même est plus intelligent.

39.   Tu es le maître des paroles que tu n'as pas prononcées ; tu es

l'esclave de celles que tu laisses
échapper.

40.   La perception de l'infiniment
petit est le secret de la
clairvoyance, la protection de
l'infiniment fragile et tendre est le
secret de la force.

41.   Le traite avec bonté ceux qui ont
la bonté ; je traite avec bonté
ceux qui sont sans bonté, Et ainsi
gagne la bonté.

42.   La bonté en parole amène la
confiance, La bonté en pensée
amène la profondeur, La bonté en
donnant amène l'amour.

43.   Quand le ciel veut sauver un
        homme, il lui donne l'affection
        pour le protéger.

44.   Quand les gros sont maigres, il y
        a longtemps que les maigres sont
        morts.

45.   Il n'est rien qui ne s'arrange par la
        pratique du non-agir.

46.   Le sage équarrit sans blesser,
        Incline sans porter atteinte,
        Rectifie sans faire violence et
        resplendit sans aveugler.

47.   Le ciel dure, la terre persiste.
        Qu'Est-ce donc qui les fait
        persister et durer ? Ils ne vivent
        point pour eux-mêmes. Voilà ce
        qui les fait durer et persister.

48. Celui qui sait se contenter sera
toujours content.

49. Savoir et se dire que l'on ne sait
pas est bien.

50. Se voir soi-même c'est être
clairvoyant.

51. L'homme maître de soi n'aura
point d'autre maître.

52. Trop loin à l'est, c'est l'ouest.

53. Mieux vaut allumer une bougie
que maudire les ténèbres.

54. Créer, non posséder ; œuvrer,
non retenir ; accroître, non
dominer.

55. Plus on voyage loin, moins on se connaît.

56. Le grand homme est celui qui n'a jamais perdu la vision de ses petitesses.

57. Le voyageur demande le beau temps, le paysan demande la pluie, et les dieux hésitent.

58. Le sage gouverne par le non-faire. Il enseigne par le non-dire. Il accomplit sa tâche sans s'en prévaloir. Il achève son œuvre sans s'y attacher. Et comme il ne s'attache pas, il se maintient.

59. L'expérience est une lanterne qui n'éclaire que le chemin parcouru.

60. Quelle belle conception les anciens avaient de la mort : repos des bons, terreur des méchants ! La mort, c'est l'épreuve de la vertu.

61. Trente rayons convergent au moyeu, mais c'est le vide médian qui fait marcher le char.

62. L'être qu'on peut nommer n'est pas l'être suprême.

63. Le sage vit dans la conscience des difficultés et n'en souffre pas.

64. Un grand Etat s'agenouille devant un petit Etat. Passif, il le vainc. Un petit Etat s'agenouille devant

un grand État. Passif, il est
vaincu.

65.   Le sage ne veut pas être estimé
comme le jade, ni méprisé comme
la pierre.

66.   Le poète sait jouer sur une harpe
sans cordes et il sait ensuite
répondre à ceux qui prétendent
n'avoir pas entendu la musique.

67.   Etre courageux sans compassion
mène à la mort.

68.   Renoncez à l'étude et vous n'aurez
aucun souci.

69. Une terrasse de neuf étages
commence par un tas de terre.

70. Imposer sa volonté aux autres,
c'est force. Se l'imposer à soi-
même, c'est force supérieure.

71. Quand le débutant est conscient
de ses besoins, il finit par être
plus intelligent que le sage
distrait.

72. Sans franchir la porte, on peut
connaître le monde.

73. Paie le mal avec la justice, et la
bonté avec la bonté.

74. Le plus grand conquérant est celui qui sait vaincre sans bataille.

75. La meilleure façon de combattre le mal est un progrès résolu dans le bien.

76. Les ronces et les épines poussent sur la trace des armées.

77. Inutile d'enseigner aux singes à grimper aux arbres.

78. Le bonheur repose sur le malheur, le malheur couve sous le bonheur. Qui connaît leur apogée respective ?

79. Qui domine les autres est fort.
     Qui se domine est puissant.

80. Choisis en politique le bon ordre.
     Choisis en affaire l'efficacité.
     Choisis pour agir l'opportunité.
     Ne rivalise point : tu seras sans
     reproche.

81. Choisis un bon terrain pour ta
     demeure. Choisis-le profond pour
     ton coeur. Choisis envers autrui la
     bienveillance. Choisis en paroles
     la vérité.

82. Qui parle peu est lui-même et
     naturel.

83. Le sage, sans agir, œuvre.

84. Les formes et les choses se manifestent à celui qui n'est pas attaché à son être propre. Dans ses mouvements, il est comme l'eau ; dans son repos il est comme un miroir, et dans ses réponses, il est comme l'écho.

85. De l'argile, nous faisons un pot,
mais c'est le vide à 'intérieur qui
retient ce que nous voulons.

86. Demeure aussi prudent au terme
qu'au début ; ainsi tu éviteras
l'échec.

87. Dans les combats, il n'est pas de
vainqueur, et la victoire devrait
être célébrée en des rites funèbres.

88. Le vrai voyageur n'a pas de plan
établi et n'a pas l'intention
d'arriver.

89. L'homme suit les voies de la
Terre, la Terre suit les voies du
Ciel, le ciel suit les voies de la
Voie, et la Voie suit ses propres

voies.

90. La règle du sage, pour gouverner,
est d'ouvrir les cœurs et d'emplir
les ventres.

91. Si vous croyez savoir, vous ne
savez pas.

92. Celui qui sait se satisfaire aura
toujours le nécessaire.

93. Etre conscient de la difficulté
permet de l'éviter.

94. Si deux influx ne se nuisent pas
Leurs forces s'unissent.

95. Le ciel arme de pitié ceux qu'il ne veut pas voir détruits.

96. Qui vit la mort jouit d'une longue vie.

97. Cultive en toi ce qui te le permet.

98. Gouverner un grand pays revient à cuire un petit poisson.

99. L'être crée des phénomènes que seul le vide permet d'utiliser.

100. Ne pas connaître l'éveil conduit à la confusion.